초등 공부력 강화 프로젝트

그림 한자

동양북스 교육콘텐츠연구회 지음

단계 3

동양북스

슈퍼파워 미션 지도

매일매일 공부하면 한자 슈퍼파워가 생겨요!
하루에 한 장 열심히 공부하고 미션맵에 성공도장을 찍어 보세요!

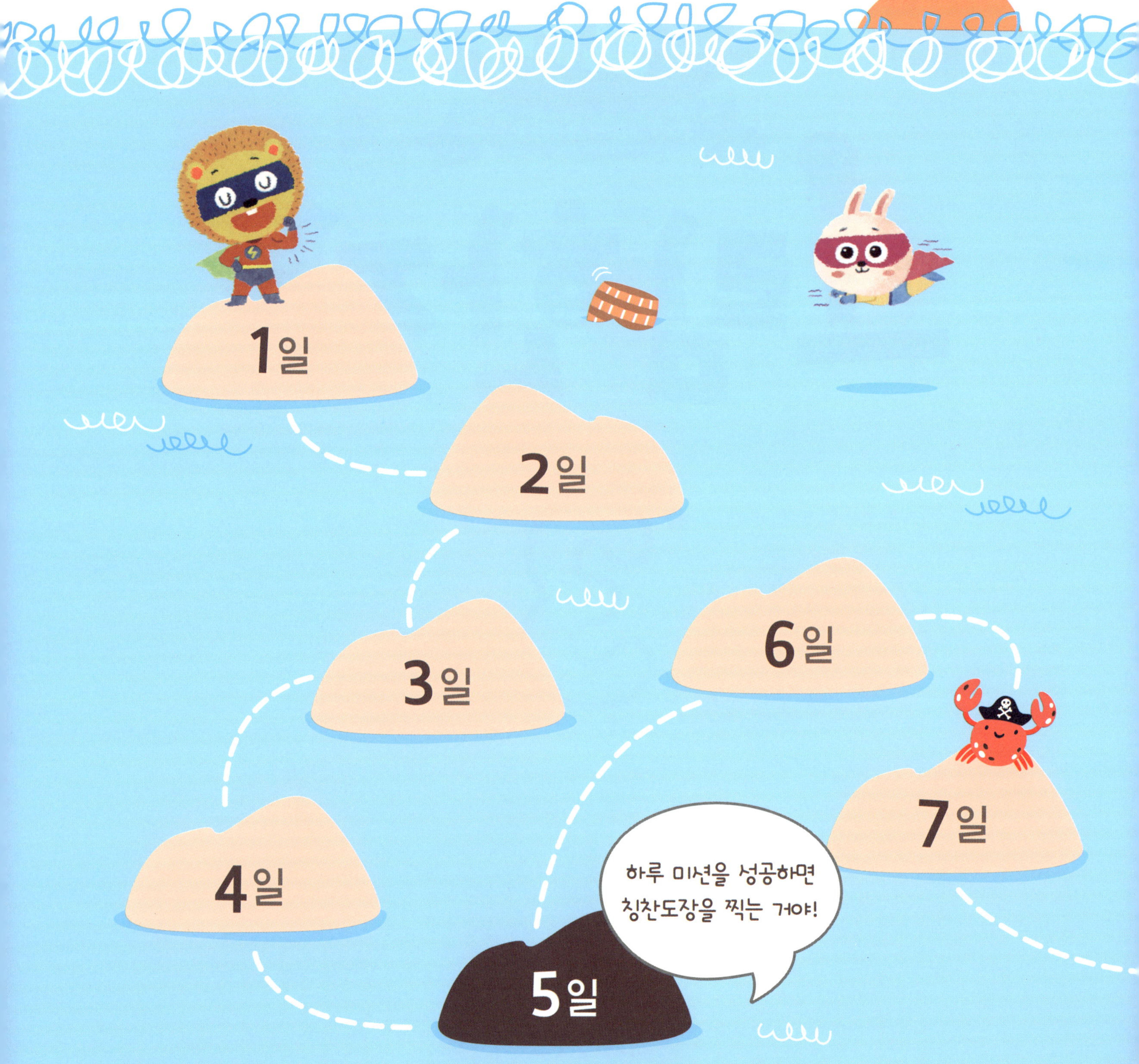

하루 미션을 성공하면 칭찬도장을 찍는 거야!

무엇을 배울까요?

슈퍼파워 미션 지도 • 2
무엇을 배울까요? • 4
어떻게 사용할까요? • 6
지도 노하우 Q&A • 8

1주차 자연을 배워요.

1일	天자와 地자를 배워요. • 12
2일	春자와 夏자를 배워요. • 16
3일	秋자와 冬자를 배워요. • 20
4일	林자와 川자를 배워요. • 24
5일	花자와 草자를 배워요. • 28

나는야 급수왕/놀이왕 • 32

2주차 마을을 배워요.

6일	洞자와 里자를 배워요. • 40
7일	邑자와 面자를 배워요. • 44
8일	村자와 夫자를 배워요. • 48
9일	農자와 歌자를 배워요. • 52
10일	老자와 少자를 배워요. • 56

나는야 급수왕/놀이왕 • 60

3주차 생활을 배워요.

| 11일 | 出자와 入자를 배워요. • 68 |
| 12일 | 住자와 所자를 배워요. • 72 |

13일 便자와 紙자를 배워요. • 76
14일 죬자와 記자를 배워요. • 80
15일 同자와 色자를 배워요. • 84
나는야 급수왕/놀이왕 • 88

4주차 과목을 배워요.

16일 百자와 千자를 배워요. • 96
17일 算자와 數자를 배워요. • 100
18일 語자와 文자를 배워요. • 104
19일 漢자와 字자를 배워요. • 108
20일 問자와 答자를 배워요. • 112
나는야 급수왕/놀이왕 • 116

5주차 지구를 배워요.

20일 植자와 育자를 배워요. • 124
21일 重자와 力자를 배워요. • 128
22일 旗자와 立자를 배워요. • 132
24일 祖자와 話자를 배워요. • 136
25일 有자와 來자를 배워요. • 140
나는야 급수왕/놀이왕 • 144

부록 슈퍼 그림한자 3단계 모아보기 • 152
한자능력검정시험 대비 7급 문제지 • 153
정답 • 155

어떻게 사용할까요?

이 책은 처음 한자를 접하는 학생들이 그림을 통해 좀 더 쉽게 한자를 배우는데 목표를 두고 다음과 같이 구성하였습니다.

1단계 매일매일 체크해요!
하루에 두 글자씩, 25일에 완성하는 그림 한자 프로그램으로, 매일매일 체크하며 공부습관을 길러요!

2단계 그림으로 친해져요!
그림에 녹아 있는 한자와 한자어 낱말의 이야기를 잘 살펴보고, 한자를 천천히 따라 씁니다.

3단계 바르게 익혀요!
한자의 뜻과 소리를 큰 소리로 따라 읽으며 한자의 모양을 익힙니다. 한자가 쓰인 낱말을 읽으면 한자를 더 폭넓게 활용할 수 있어요.
그리고 한자를 획순에 맞추어 또박또박 씁니다. 천천히 뜻과 소리를 따라 읽으며 한 획씩 따라 쓰면 한자 슈퍼파워가 생겨요.

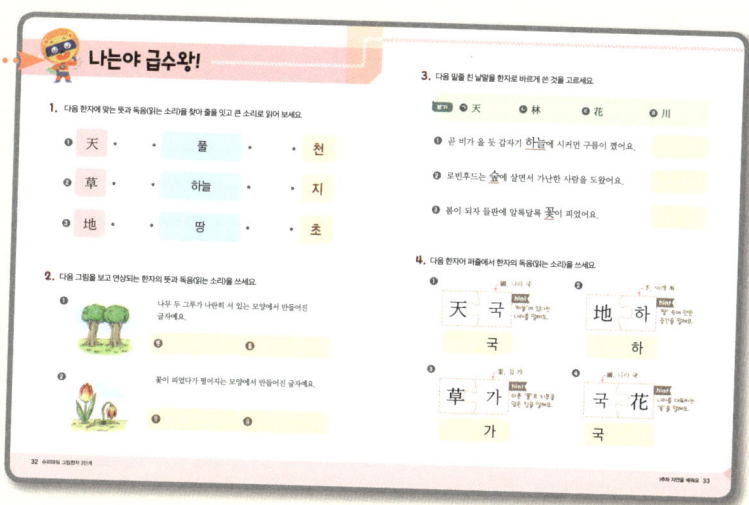

4단계 꼼꼼하게 확인해요!

한 주 동안 배운 한자의 뜻과 소리, 한자어 활용에 대한 다양한 문제를 풀며 한자능력검정시험을 준비할 수 있어요. 이렇게 문제를 풀다 보면 자연스럽게 어휘력도 쑥쑥 자라나요!

5단계 놀면서 배워요!

그림 속 숨어 있는 한자를 찾고, 친구와 함께 놀이를 하다보면 그동안 배운 한자를 오래 기억할 수 있어요!

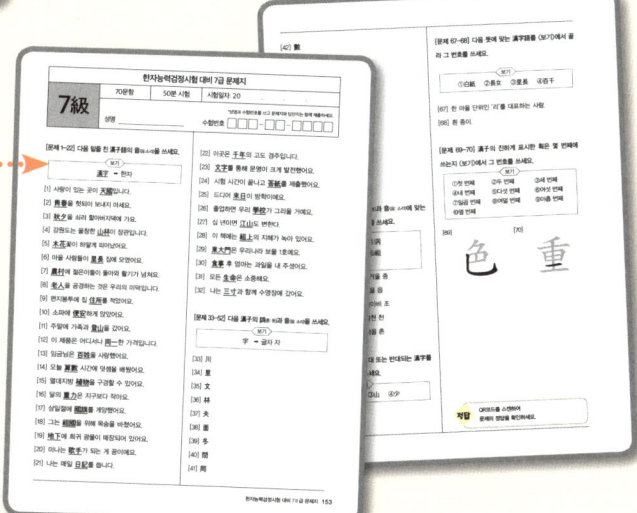

6단계 미리 준비해요!

실제 시험을 대비해서 7급 한자시험을 풀어 보아요. 그동안 모아둔 슈퍼파워를 쓰면 아주 쉽게 시험에 합격할 거예요!

정답 QR코드를 스캔하여 문제의 정답을 확인하세요.

> **일러두기**
>
> 본 교재는 사단법인 한국어문회 급수를 기준으로, 7급에 해당하는 한자로 구성되어 있습니다.
> 내용 중 급수에 포함되지 않는 한자는 본문에서 해당 급수를 표시하였습니다.

지도 노하우 Q&A

 ### 한자를 배우면 무엇이 좋을까요?

　한자는 우리말 낱말의 기초를 이루고 있어요. 우리말 중에서 한자로 구성된 낱말이 전체의 70% 이상을 차지할 정도로 많아요. 특히 학습에 필요한 낱말 중 90% 이상이 한자어이기 때문에 한자를 잘 알면 단순히 국어 실력만 높아지는 것을 넘어서, 수학이나 과학, 사회와 같은 과목 공부도 아주 쉬워지지요.

　한자에는 '확장성'이라는 힘이 있기 때문에, 하나의 한자로도 수많은 낱말을 이해할 수 있게 됩니다. 예를 들어 '水(물 수)'라는 한자를 배우고 나면, '수돗물', '수영', '강수량' 등 정말 수없이 많은 단어를 이해할 수 있는 거예요. 그러니 처음부터 너무 겁먹지 말고 꾸준히 한자 공부를 이어나가도록 해요!

 ### 어떻게 하면 효과적으로 공부할 수 있을까요?

　한자는 맨 처음 그림에서 출발한 문자입니다. 특히 우리가 처음 배우는 기초한자의 경우에는 그림문자에서 나온 '상형문자'가 많아요. 그러므로 그림을 토대로 한자를 이해하면 한자의 뜻도 자연스럽게 알 수 있게 되는 거예요. 또 한자를 따라 쓰는 것은 아주 효과적인 방법입니다. 쓰기는 뇌 활성화에 큰 도움을 주기 때문에 그냥 외우는 것보다 더 오래, 강하게 기억할 수 있거든요. 이때 한자의 뜻과 소리를 큰 소리로 읽으면서 쓴다면 효과가 더 좋지요!

　그리고 급수 시험을 보는 것도 좋아요. 자신의 한자 실력이 어느 정도인지 평가하면서, 성취감도 맛볼 수 있기 때문이에요. 시험이라 하면 굉장히 긴장되고 어려울 것 같지만, 새로운 경험도 쌓고 성취감도 얻을 수 있으니, 급수 시험은 학생들에게 일석이조랍니다.

[한자능력검정시험 안내]

1권	8급	학습 동기부여를 위한 기초단계(상용한자 50자)
2권	7Ⅱ급	기초 사용한자 활용의 초급단계(상용한자 100자)
3권	7급	기초 사용한자 활용의 초급단계(상용한자 150자)

* 한자능력검정시험 일정 및 접수방법은 한국어문회 홈페이지(www.hanja.re.kr) 등을 참고하세요.

어떻게 하면 한자를 쉽게 쓸 수 있을까요?

한자는 보기만 해도 어려운데 쓰려고 하면 획이 이리저리 엉켜 있어 당황하기 쉬워요. 획순의 기초를 이해하면 쉽습니다. 획순이란 쓰는 순서인데, 이것은 선조들이 아주 오랫동안 한자를 쓰면서 편리하고 빠르게 쓰는 방법을 찾아내 정리한 것이에요. 그러니 억지로 외울 필요가 없이, 쓰다보면 자연스럽게 획순에 맞게 쓰게 됩니다. 아래 다섯 가지 순서를 익혀 보세요!

• 상하 구조의 것은 위에서부터 아래로 씁니다.

• 좌우 대칭형의 것은 가운데를 먼저 쓰고, 좌우의 것은 나중에 씁니다.

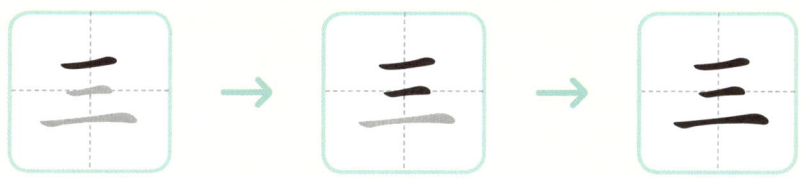

• 글자 전체를 관통하는 세로 획은 맨 마지막에 씁니다.

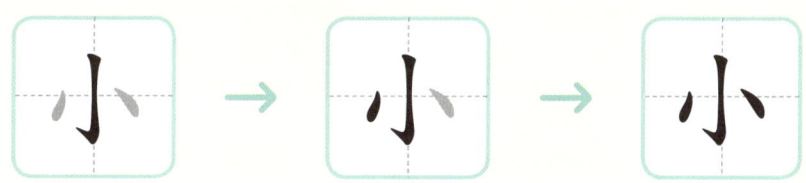

• 좌우 구조의 것은 왼쪽에서부터 오른쪽으로 씁니다.

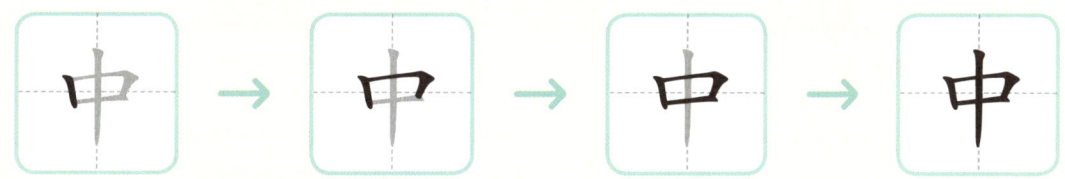

• 내외 구조의 것은 바깥의 것을 먼저 쓰고 안의 것은 나중에 씁니다.

1주차

자연을 배워요.

1일 天자와 地자를 배워요.
2일 春자와 夏자를 배워요.
3일 秋자와 冬자를 배워요.
4일 林자와 川자를 배워요.
5일 花자와 草자를 배워요.
놀이왕 아름다운 계절 / 알록달록 색칠하기

Day 01 天자와 地자를 배워요.

하늘 천

푸른 들판 위로 파란 하늘이 펼쳐져 있고, 들판에는 말들이 다리고 있어요.
아래 그림을 보고 '하늘'과 '땅'을 나타내는 한자를 따라 써 봅시다.

땅 지

하늘 천

'하늘'이라는 뜻이고, '천'이라고 읽어요.
'천지', '천국' 할 때 쓰는 한자예요.

사람의 머리 위에 하늘이 넓게 퍼져 있는 모양에서 만들어진 글자예요.

天 天 天 天

부수 大 총획 4획

하늘 천	하늘 천	하늘 천	하늘 천
하늘 천	하늘 천	하늘 천	하늘 천
하늘 천	하늘 천	하늘 천	하늘 천

땅 지

'땅', '장소'라는 뜻이고, '지'라고 읽어요.
'지하', '늪지' 할 때 쓰는 한자예요.

흙 위에 뱀이 있는 모양에서 만들어진 글자예요.

地 地 地 地 地 地

부수 土   총획 6획

땅 지	땅 지	땅 지	땅 지
땅 지	땅 지	땅 지	땅 지
땅 지	땅 지	땅 지	땅 지

1주차 자연을 배워요

Day 02 春자와 夏자를 배워요.

봄 춘

봄에 피는 꽃은 마음을 향기롭게 하고, 여름철 물놀이는 무더위를 한번에 날려주지요.
아래 그림을 보고 '봄'과 '여름'을 나타내는 한자를 따라 써 봅시다.

여름 하　夏

1주차 자연을 배워요

봄 춘

'봄'이라는 뜻이고, '춘'이라고 읽어요.
'춘하추동', '청춘' 할 때 쓰는 한자예요.

봄날에 햇빛을 받아 풀들이 쑥쑥 자라는 모양에서,
'봄'을 나타내게 되었어요.

春 春 春 春 春 春 春 春 春

부수 日　총획 9획

봄 춘	봄 춘	봄 춘	봄 춘
봄 춘	봄 춘	봄 춘	봄 춘
봄 춘	봄 춘	봄 춘	봄 춘

여름 하

'여름'이라는 뜻이고, '하'라고 읽어요.
'하지', '하계 올림픽' 할 때 쓰는 한자예요.

여름날 나무에 매달린 매미의 모습에서, '여름'을 나타내게 되었어요.

夏 夏 夏 夏 夏 夏 夏 夏 夏 夏

부수 夂 총획 10획

여름 하	여름 하	여름 하	여름 하
여름 하	여름 하	여름 하	여름 하
여름 하	여름 하	여름 하	여름 하

1주차 자연을 배워요

Day 03 秋자와 冬자를 배워요.

가을 추

가을에는 낙엽이 지고, 겨울에는 송이송이 함박눈이 내려요.
아래 그림을 보고 '가을'과 '겨울'을 나타내는 한자를 따라 써 봅시다.

겨울 동

가을 추

'가을'이라는 뜻이고, '추'라고 읽어요.
'추수', '추석' 할 때 쓰는 한자예요.

볏단 끝을 벼 이삭 끝을 불로 그을려 알곡을 거두는 모습에서, '가을'을 나타내게 되었어요.

秋 秋 秋 秋 秋 秋 秋 秋 秋

부수 禾　총획 9획

秋	秋	秋	秋
가을 추	가을 추	가을 추	가을 추
가을 추	가을 추	가을 추	가을 추
가을 추	가을 추	가을 추	가을 추

겨울 동

'겨울'이라는 뜻이고, '동'이라고 읽어요.
'동지', '입동' 할 때 쓰는 한자예요.

샘의 입구가 막혀서 물이 나오지 않는 것에서, '겨울'을 나타내게 되었어요.

冬 冬 冬 冬 冬

부수: 冫　　총획: 5획

겨울 동	겨울 동	겨울 동	겨울 동
겨울 동	겨울 동	겨울 동	겨울 동
겨울 동	겨울 동	겨울 동	겨울 동

1주차 자연을 배워요

Day 04 林자와 川자를 배워요.

수풀 림

가족들이 숲으로 캠핑을 갔어요. 엄마, 아빠와 숲속 냇가에서 물놀이를 해요.
아래 그림을 보고 '수풀(숲)'과 '내(개울)'을 나타내는 한자를 따라 써 봅시다.

내 천
川

수풀 림

낱말 맨 앞에 올 때는 '임'이라고 말해요.

'수풀(숲)'이라는 뜻이고, '림'이라고 읽어요.
'임업', '산림' 할 때 쓰는 한자예요.

나무 두 그루가 나란히 서 있는 모양에서 만들어진 글자예요.

林 林 林 林 林 林 林 林

부수 木   총획 8획

林	林	林	林
수풀 림	수풀 림	수풀 림	수풀 림
수풀 림	수풀 림	수풀 림	수풀 림
수풀 림	수풀 림	수풀 림	수풀 림

내 천

'내', '개울'이라는 뜻이고, '천'이라고 읽어요.
'산천', '개천' 할 때 쓰는 한자예요.

산골짜기에서 흐르는 냇물을 본뜬 것에서 만들어진 글자예요.

川 川 川

부수 川 **총획** 3획

내 천	내 천	내 천	내 천
내 천	내 천	내 천	내 천
내 천	내 천	내 천	내 천

Day 05 花자와 草자를 배워요.

꽃 화

앞마당에 핀 꽃과 풀에 물을 주어 볼까요? 물기를 머금은 꽃이 더욱 생기 있게 빛나요.
아래 그림을 보고 '꽃'과 '풀'을 나타내는 한자를 따라 써 봅시다.

풀 초

花 꽃 화

'꽃'이라는 뜻이고, '화'라고 읽어요.
'목화', '화초' 할 때 쓰는 한자예요.

꽃이 피었다가 떨어지는 모양에서 만들어진 글자예요.

花 花 花 花 花 花 花 花

부수 ⺾ 총획 8획

꽃화	꽃화	꽃화	꽃화
꽃화	꽃화	꽃화	꽃화
꽃화	꽃화	꽃화	꽃화

草 풀 초

'풀'이라는 뜻이고, '초'라고 읽어요.
'초가집', '초원' 할 때 쓰는 한자예요.

햇볕을 받아 파릇파릇 돋아나는 풀의 모양에서 만들어진 글자예요.

草草草草草草草草草草

부수 ++ 총획 10획

草	草	草	草
풀 초	풀 초	풀 초	풀 초
풀 초	풀 초	풀 초	풀 초
풀 초	풀 초	풀 초	풀 초

1주차 자연을 배워요

나는야 급수왕!

1. 다음 한자에 맞는 뜻과 독음(읽는 소리)을 찾아 줄을 잇고 큰 소리로 읽어 보세요.

❶ 天 •　　• 풀 •　　• 천

❷ 草 •　　• 하늘 •　　• 지

❸ 地 •　　• 땅 •　　• 초

2. 다음 그림을 보고 연상되는 한자의 뜻과 독음(읽는 소리)을 쓰세요.

❶

나무 두 그루가 나란히 서 있는 모양에서 만들어진 글자예요.

뜻　　　　　　　음

❷

꽃이 피었다가 떨어지는 모양에서 만들어진 글자예요.

뜻　　　　　　　음

3. 다음 밑줄 친 낱말을 한자로 바르게 쓴 것을 고르세요.

| 보기 | ㄱ 天 | ㄴ 林 | ㄷ 花 | ㄹ 川 |

❶ 곧 비가 올 듯 갑자기 <u>하늘</u>에 시커먼 구름이 꼈어요.

❷ 로빈후드는 <u>숲</u>에 살면서 가난한 사람을 도왔어요.

❸ 봄이 되자 들판에 알록달록 <u>꽃</u>이 피었어요.

4. 다음 한자어 퍼즐에서 한자의 독음(읽는 소리)을 쓰세요.

❶ 國, 나라 국
天 국
hint '하늘'에 있다는 나라를 말해요.
국

❷ 下, 아래 하
地 하
hint '땅' 속에 만든 공간을 말해요.
하

❸ 家, 집 가
草 가
hint 마른 '풀'로 지붕을 덮은 집을 말해요.
가

❹ 國, 나라 국
국 花
hint 나라를 대표하는 '꽃'을 말해요.
국

5. 다음 밑줄 친 낱말을 한자로 바르게 쓴 것을 고르세요.

| 보기 | ㄱ 天下 | ㄴ 天地 | ㄷ 花草 | ㄹ 秋夕 |

❶ 할머니는 앞뜰에 **화초**를 기릅니다.

❷ 흰 눈이 내리자 **천지**가 하얗게 변했어요.

❸ **추석**날 밤, 둥그런 보름달이 떴어요.

6. 다음 뜻과 음에 알맞게 한자를 완성하세요.

❶

내 **천**

❷

겨울 **동**

❸
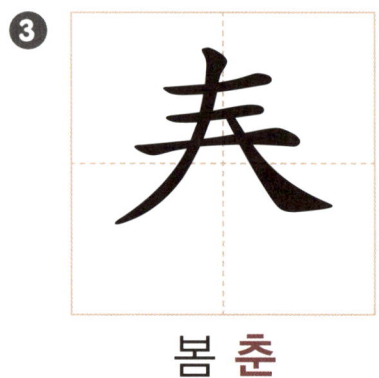
봄 **춘**

❹

여름 **하**

7. 다음 이야기를 읽고, 속담과 고사성어를 천천히 따라 써 보세요.

우물 안에서 나고 자란 개구리는 우물 안이 세상의 전부라고 생각해요. 세상이 얼마나 넓은지 제대로 알지 못하고 우물 속에서 올려다본 하늘만큼이 세상이 전부라고 우기지요. 개구리가 정말 우습지요? 그런데 사람들도 가끔 자기가 아는 것이 전부인 줄 알고 잘난척 하거나 우기기도 해요. '우물 안 개구리'처럼 말이에요. 우리는 그런 사람이 되지 않도록 해요!

같은 뜻을 가진 고사성어로는 '좌정관천(坐井觀天)'이라는 말이 있어요. '우물에 앉아서 하늘을 올려다 본다'는 뜻이에요.

🖊 **속담 쓰기**

우	물		안		개	구	리		
우	물		안		개	구	리		

🖊 **고사성어 쓰기**

坐	井	觀	天
앉을 **좌**	우물 **정**	볼 **관**	하늘 **천**

나는야 놀이왕!

아름다운 계절

봄, 여름, 가을, 겨울, 모든 계절은 아름다워요. 그림에 알맞은 계절을 한자로 써 보세요.

알록달록 색칠하기

한자의 뜻과 소리를 큰 소리로 읽어 보세요. 그리고 그림에 있는 번호에 따라 색을 칠해 그림을 완성해 보세요.

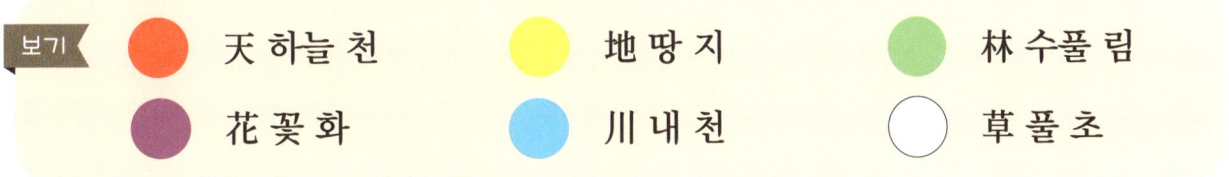

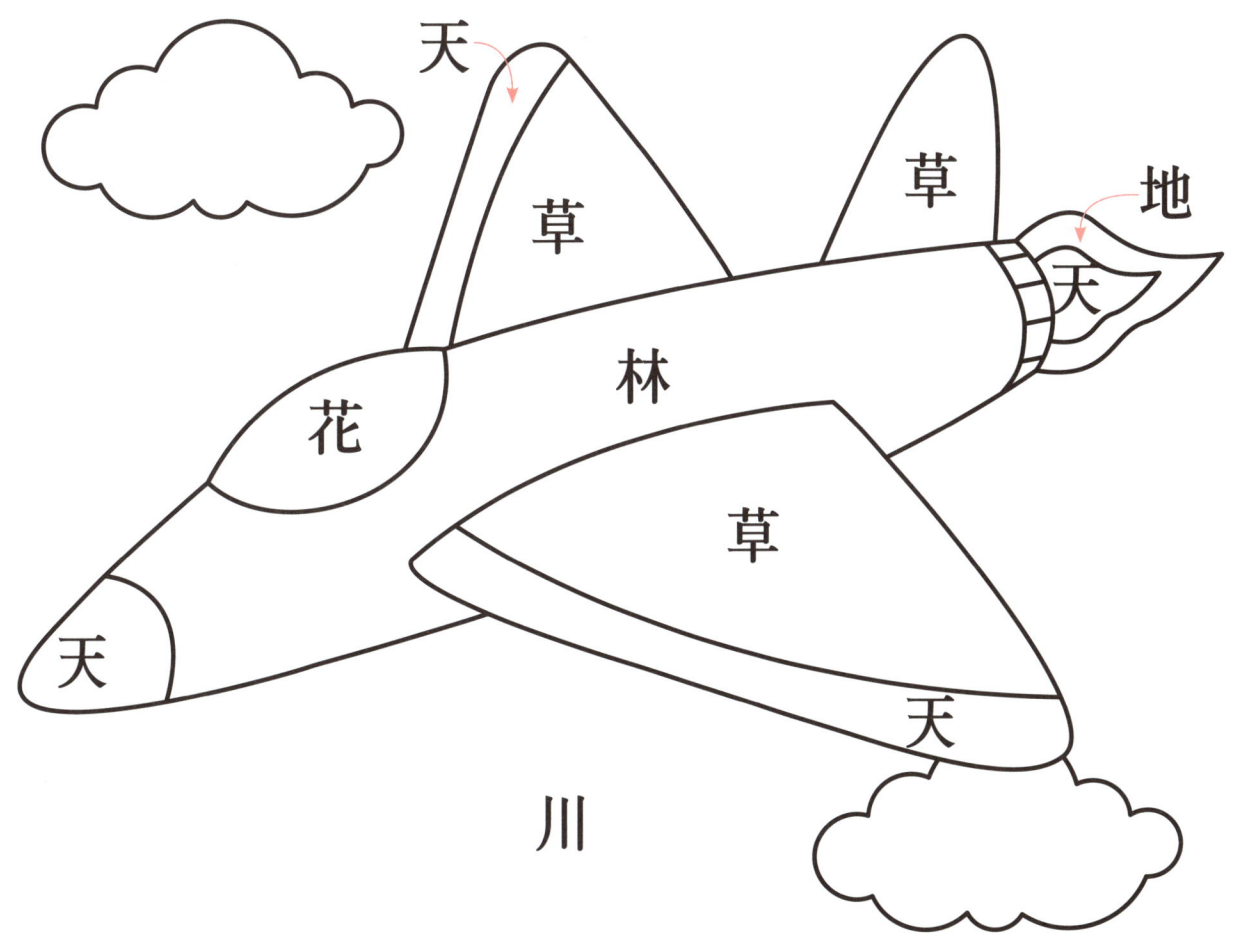

2주차

마을을 배워요.

6일   洞자와 里자를 배워요.
7일   邑자와 面자를 배워요.
8일   村자와 夫자를 배워요.
9일   農자와 歌자를 배워요.
10일   老자와 少자를 배워요.
놀이왕   과일 바구니 / 알록달록 색칠하기

Day 06 洞자와 里자를 배워요.

골 동 洞

우리 동네에는 꽃집, 옷 가게, 과일 가게 등 골목마다 다양한 가게가 있어요.
아래 그림을 보고 '고을'과 '마을'을 나타내는 한자를 따라 써 봅시다.

里 마을 리

2주차 마을을 배워요 41

골 동

'골짜기', '고을'이라는 뜻이고, '동'이라고 읽어요. '서교동', '동네' 할 때 쓰는 한자예요.

냇물이 흐르는 골짜기에 사람들이 모여 사는 모습을 나타내게 되었어요.

'밝다'라는 뜻으로 쓰일 때는 '통'이라고 말해요.

洞 洞 洞 洞 洞 洞 洞 洞 洞

부수 氵 총획 9획

골 동	골 동	골 동	골 동
골 동	골 동	골 동	골 동
골 동	골 동	골 동	골 동

마을 리

'마을'이라는 뜻이고, '리'라고 읽어요.
'이장', '이정표' 할 때 쓰는 한자예요.

밭과 흙이 있는 곳, 즉 사람들이 농사를 지으며 모여 사는 곳이라는 뜻에서 만들어진 글자예요.

낱말 맨 앞에 올 때는 '이'라고 말해요.

里 里 里 里 里 里 里

부수 里   **총획** 7획

里	里	里	里
마을 리	마을 리	마을 리	마을 리
마을 리	마을 리	마을 리	마을 리
마을 리	마을 리	마을 리	마을 리

2주차 마을을 배워요

Day 07 邑자와 面자를 배워요.

邑 고을 읍

언덕에 올라 마을을 내려 보아요. 마을 한가운데 읍사무소가 있어요.
아래 그림을 보고 '고을'과 '낯(얼굴)'을 나타내는 한자를 따라 써 봅시다.

낯 면 面

고을 읍

'고을'이라는 뜻이고, '읍'이라고 읽어요.
'읍사무소', '읍내' 할 때 쓰는 한자예요.

마을 입구에 여러 집이 모여 사는 모습을 나타내게 되었어요.

邑 邑 邑 邑 邑 邑 邑

부수 邑　총획 7획

고을 읍	고을 읍	고을 읍	고을 읍
고을 읍	고을 읍	고을 읍	고을 읍
고을 읍	고을 읍	고을 읍	고을 읍

낯 면

지역을 나누는 단위로도 쓰여요.

'낯(얼굴)', '모양'이라는 뜻이고, '면'이라고 읽어요. '화면', '장면' 할 때 쓰는 한자예요.

사람의 동그란 얼굴과 동그란 눈을 본뜬 것에서 '얼굴'을 나타내게 되었어요.

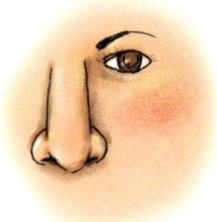

面 面 面 面 面 面 面 面 面

부수 面　**총획** 9획

낯 면	낯 면	낯 면	낯 면
낯 면	낯 면	낯 면	낯 면
낯 면	낯 면	낯 면	낯 면

2주차 마을을 배워요

Day 08 村자와 夫자를 배워요.

마을 촌

마을 촌

'마을', '시골'이라는 뜻이고, '촌'이라고 읽어요.
'농촌', '촌사람' 할 때 쓰는 한자예요.

나무에 둘러싸여 있는 작은 마을의 모양에서 만들어진 글자예요.

村 村 村 村 村 村 村

부수 木   총획 7획

마을 촌	마을 촌	마을 촌	마을 촌
마을 촌	마을 촌	마을 촌	마을 촌
마을 촌	마을 촌	마을 촌	마을 촌

夫

지아비 부

'지아비(남편)', '사나이'라는 뜻이고, '부'라고 읽어요. '부부', '부인' 할 때 쓰는 한자예요.

어른이 되었다는 뜻에서 상투를 틀고 비녀를 꽂은 모습에서 '성인 남자'를 나타내게 되었어요.

夫 夫 夫 夫

부수 大 　 총획 4획

지아비 부	지아비 부	지아비 부	지아비 부
지아비 부	지아비 부	지아비 부	지아비 부
지아비 부	지아비 부	지아비 부	지아비 부

2주차 마을을 배워요

Day 09 農자와 歌자를 배워요.

農 농사 농

농부들이 노래를 부르며 즐겁게 모내기를 해요.
아래 그림을 보고 '농사'와 '노래'를 나타내는 한자를 따라 써 봅시다.

노래 가 歌

농사 농

'농사'라는 뜻이고, '농'이라고 읽어요.
'농부', '농사' 할 때 쓰는 한자예요.

호미를 들고 밭에서 일하는 모습에서 만들어진 글자예요.

農農農農農農農農農農農農農 급수 7Ⅱ급 부수 辰 총획 13획

| 농사 농 | 농사 농 | 농사 농 | 농사 농 |

| 농사 농 | 농사 농 | 농사 농 | 농사 농 |

| 농사 농 | 농사 농 | 농사 농 | 농사 농 |

노래 가

'노래'라는 뜻이고, '가'라고 읽어요.
'가수', '교가' 할 때 쓰는 한자예요.

크게 입을 벌리고 노래하는 모습에서 만들어진 글자예요.

歌 歌 歌 歌 歌 歌 歌 歌 歌 歌 歌 歌 歌 歌 부수 欠 총획 14획

노래 가	노래 가	노래 가	노래 가
노래 가	노래 가	노래 가	노래 가
노래 가	노래 가	노래 가	노래 가

2주차 마을을 배워요 55

Day 10 老자와 少자를 배워요.

늙을 로

지하철이나 버스에는 할아버지나 어린 친구들, 몸이 약한 사람들을 위한 자리가 있어요.
아래 그림을 보고 '늙다'와 '적다(어리다)'를 나타내는 한자를 따라 써 봅시다.

적을 소

老

늙을(늙다) 로

낱말 맨 앞에 올 때는 '노'라고 말해요.

'늙다'라는 뜻이고, '로'라고 읽어요.
'노인', '노약자' 할 때 쓰는 한자예요.

노인이 지팡이를 짚고 서 있는 모습에서 만들어진 글자예요.

老 老 老 老 老 老

부수 老 총획 6획

늙을 로	늙을 로	늙을 로	늙을 로
늙을 로	늙을 로	늙을 로	늙을 로
늙을 로	늙을 로	늙을 로	늙을 로

적을 소

'적다', '젊다'라는 뜻이고, '소'라고 읽어요.
'소량', '남녀노소', '청소년' 할 때 쓰는 한자예요.

모래알 세 개를 나눈 모양에서, '아주 적은 양'을 나타내게 되었어요.

少 少 少 少

부수 小   총획 4획

적을 소	적을 소	적을 소	적을 소
적을 소	적을 소	적을 소	적을 소
적을 소	적을 소	적을 소	적을 소

2주차 마을을 배워요

나는야 급수왕!

1. 다음 한자에 맞는 뜻과 독음(읽는 소리)을 찾아 줄을 잇고 큰 소리로 읽어 보세요.

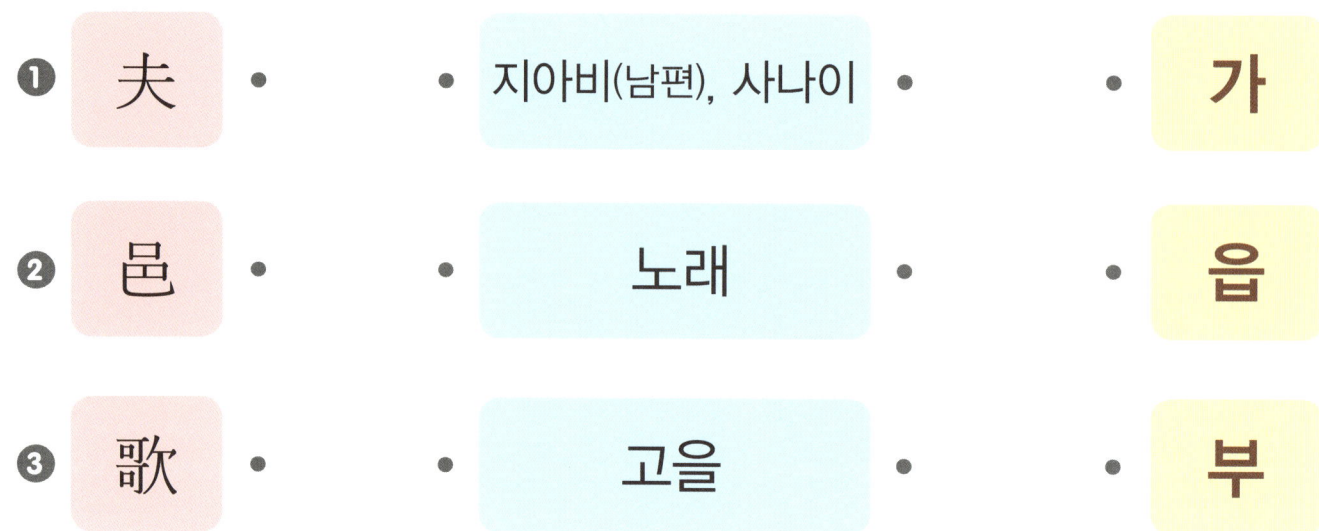

2. 다음 그림을 보고 연상되는 한자의 뜻과 독음(읽는 소리)을 쓰세요.

어른이 되었다는 뜻에서 상투를 틀고 비녀를 꽂은 모습에서 '성인 남자'를 나타내게 되었어요.

크게 입을 벌리고 노래하는 모습에서 만들어진 글자예요.

3. 다음 밑줄 친 낱말을 한자로 바르게 쓴 것을 고르세요.

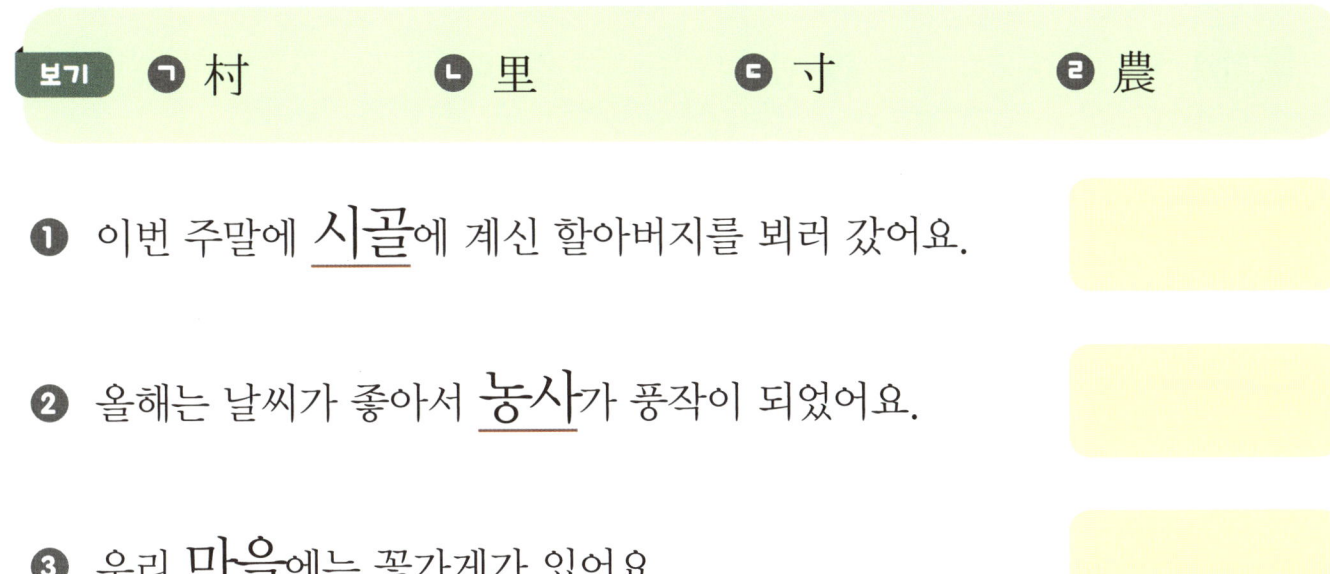

① 이번 주말에 <u>시골</u>에 계신 할아버지를 뵈러 갔어요.

② 올해는 날씨가 좋아서 <u>농사</u>가 풍작이 되었어요.

③ 우리 <u>마을</u>에는 꽃가게가 있어요.

4. 다음 한자어 퍼즐에서 한자의 독음(읽는 소리)을 쓰세요.

5. 다음 밑줄 친 낱말을 한자로 바르게 쓴 것을 고르세요.

> 보기   ㉠ 農夫   ㉡ 山村   ㉢ 農村   ㉣ 校歌

❶ 졸업식에서 다 함께 <u>교가</u>를 불렀어요.

❷ <u>농부</u>는 뙤약볕 아래서 추수를 했어요.

❸ <u>산촌</u> 마을에 겨울이 찾아왔어요.

6. 다음 뜻과 음에 알맞게 한자를 완성하세요.

❶
늙을 **로**

❷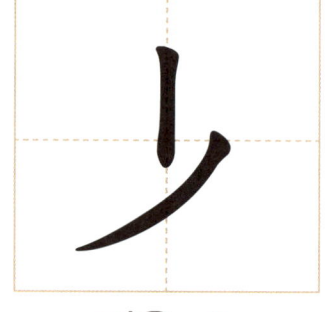
적을 **소**

❸
골 **동**

❹
낯 **면**

7. 다음 이야기를 읽고, 속담과 고사성어를 천천히 따라 써 보세요.

달걀처럼 잘 부서지는 것으로 바위를 깨부술 수 있을까요? 개미 한 마리가 코끼리를 들어 올릴 수 있을까요? '달걀로 바위 치기'라는 속담은 둘의 실력 차이가 너무 커서, 대항해도 도저히 이길 수 없는 경우에 쓰는 말이에요. 아무리 용기가 있더라도 너무 무모하게 덤비는 행동은 하지 않는 것이 좋아요.

같은 뜻을 가진 고사성어로는 '이란투석(以卵投石)'이라는 말이 있어요.

✏️ 속담 쓰기

달	걀	로		바	위		치	기
달	걀	로		바	위		치	기

✏️ 고사성어 쓰기

以	卵	投	石
써 **이**	알 **란**	던질 **투**	돌 **석**

나는야 놀이왕!

과일 바구니

한자들이 과일바구니 안에 담겨 있어요. 마을과 관계 있는 한자를 찾아 동그라미표 하세요. 그리고 큰 소리로 읽어 봅시다.

알록달록 색칠하기

한자의 뜻과 소리를 큰 소리로 읽어 보세요. 그리고 그림에 있는 번호에 따라 색을 칠해 그림을 완성해 보세요.

보기
- 🔴 農 농사 농
- 🟡 老 늙을 로
- 🔵 歌 노래 가
- ⚫ 少 적을 소
- 🩵 夫 사나이 부
- 🟤 村 마을 촌

3주차

생활을 배워요.

11일	出자와 入자를 배워요.
12일	住자와 所자를 배워요.
13일	便자와 紙자를 배워요.
14일	쬬자와 記자를 배워요.
15일	同자와 色자를 배워요.
놀이왕	동동이의 방 / 동물 친구 옷 입히기

Day 11 出자와 入자를 배워요.

날 출

와, 쉬는 시간이에요! 교실에서 나가는 친구들도 있고 교실로 다시 들어가는 친구도 있어요. 아래 그림을 보고 '나다'와 '들다'를 나타내는 한자를 따라 써 봅시다.

날(나다) 출

'(태어)나다', '나가다'라는 뜻이고, '출'이라고 읽어요. '출구', '출발' 할 때 쓰는 한자예요.

풀이 땅을 뚫고 나오는 모양에서 만들어진 글자예요.

出 出 出 出 出

부수 凵 총획 5획

날 출	날 출	날 출	날 출
날 출	날 출	날 출	날 출
날 출	날 출	날 출	날 출

들(들다) 입

'들다'라는 뜻이고, '입'이라고 읽어요.
'출입구', '수입' 할 때 쓰는 한자예요.

동굴의 입구 모양에서 만들어진 글자예요.

入　入

부수 入　총획 2획

들 입	들 입	들 입	들 입
들 입	들 입	들 입	들 입
들 입	들 입	들 입	들 입

3주차 생활을 배워요

Day 12 住자와 所자를 배워요.

살 주

우체부 아저씨가 주소를 확인하며 집집마다 편지를 전해주고 있어요.
아래 그림을 보고 '주소'를 나타내는 한자를 따라 써 봅시다.

살(살다) 주

'살다'라는 뜻이고, '주'라고 읽어요.
'주소', '주민' 할 때 쓰는 한자예요.

사람이 일정한 곳에 머물러 살아가는 모습을 나타낸 글자예요.

住 住 住 住 住 住 住

부수 亻　총획 7획

살 주	살 주	살 주	살 주
살 주	살 주	살 주	살 주
살 주	살 주	살 주	살 주

바 소

'바(방법)', '곳(장소)'이라는 뜻이고, '소'라고 읽어요. '소원', '세탁소' 할 때 쓰는 한자예요.

큰 통나무가 도끼에 찍혀 반쯤 벌어져 있는 모습에서 만들어진 글자예요.

所 所 所 所 所 所 所 所

부수 戶 **총획** 8획

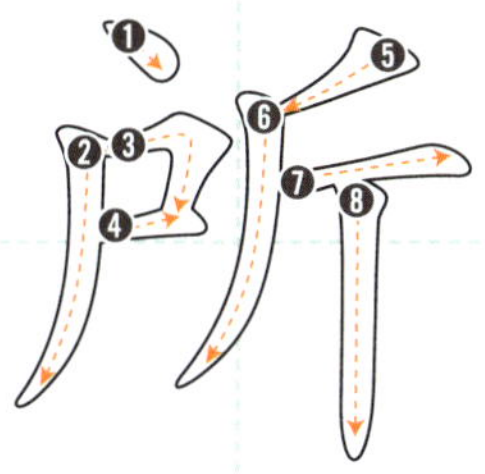

所	所	所	所
바 소	바 소	바 소	바 소
바 소	바 소	바 소	바 소
바 소	바 소	바 소	바 소

3주차 생활을 배워요

Day 13
便자와 紙자를 배워요.

편할 편

시골에 계신 할아버지, 할머니에게 편지를 썼어요. 이번 여름방학에 놀러 가겠다고 얘기했어요. 아래 그림을 보고 '편지'를 나타내는 한자를 따라 써 봅시다.

종이 지

3주차 생활을 배워요

편할(편하다) 편

'똥오줌'이라는 뜻으로 쓰일 때는 '변'이라고 말해요.

'편하다', '똥오줌'이라는 뜻이고, '편' 또는 '변'이라고 읽어요. '편안하다', '대변' 할 때 쓰는 한자예요.

편하게 불을 지피기 위해 부지깽이로 화덕 불을 쑤석거리는 모습에서, '편하다'라는 뜻을 나타내게 되었어요.

便 便 便 便 便 便 便 便 便

부수 亻　총획 9획

편할 편	편할 편	편할 편	편할 편
편할 편	편할 편	편할 편	편할 편
편할 편	편할 편	편할 편	편할 편

종이 지

'종이'라는 뜻이고, '지'라고 읽어요.
'편지', '지폐' 할 때 쓰는 한자예요.

닥나무를 가공하여 채에 뜨고 말려서, 종이를 만드는 모습에서 만들어진 글자예요.

紙 紙 紙 紙 紙 紙 紙 紙 紙 紙

부수 糸   총획 10획

紙	紙	紙	紙
종이 지	종이 지	종이 지	종이 지
종이 지	종이 지	종이 지	종이 지
종이 지	종이 지	종이 지	종이 지

3주차 생활을 배워요

登자와 記자를 배워요.

登

오를 등

집을 사고팔 때는 등기 서류를 작성해요. 집이 누구의 것인지 문서에 적는 거예요.
아래 그림을 보고 '오르다'와 '기록하다'를 나타내는 한자를 따라 써 봅시다.

기록할 기

오를(오르다) 등

'오르다'라는 뜻이고, '등'이라고 읽어요.
'등교', '등산' 할 때 쓰는 한자예요.

제기를 들고 제사단에 오르는 모습에서 만들어진 글자예요.

부수 癶 총획 12획

오를 등 | 오를 등 | 오를 등 | 오를 등

오를 등 | 오를 등 | 오를 등 | 오를 등

오를 등 | 오를 등 | 오를 등 | 오를 등

기록할 기

'적다(쓰다)', '기억하다'라는 뜻이고, '기'라고 읽어요. '일기', '기자' 할 때 쓰는 한자예요.

무릎을 꿇고 말하는 것을 받아 적는 모습에서 만들어진 글자예요.

記記記記記記記記記記

| 급수 | 7Ⅱ급 | 부수 | 言 | 총획 | 10획 |

기록할 기	기록할 기	기록할 기	기록할 기
기록할 기	기록할 기	기록할 기	기록할 기
기록할 기	기록할 기	기록할 기	기록할 기

3주차 생활을 배워요

Day 15 同자와 色자를 배워요.

同 한가지 동

숲속 친구들이 숨바꼭질을 해요. 그 중 몸 색깔을 마음대로 바꾸는 카멜레온은 숨기 대장이에요. 아래 그림을 보고 '같다'와 '색깔'을 나타내는 한자를 따라 써 봅시다.

빛 색

한가지 동

'한가지', '같다'라는 뜻이고, '동'이라고 읽어요.
'동일', '동생' 할 때 쓰는 한자예요.

몸체와 뚜껑이 잘 맞도록 만들어진 통의 모양에서, '한가지'를 나타내게 되었어요.

同 同 同 同 同 同

부수 口 **총획** 6획

한가지 동	한가지 동	한가지 동	한가지 동
한가지 동	한가지 동	한가지 동	한가지 동
한가지 동	한가지 동	한가지 동	한가지 동

빛 색

'빛', '색'이라는 뜻이고, '색'이라고 읽어요.
'색연필', '색동' 할 때 쓰는 한자예요.

사람의 얼굴색을 살핀다는 것에서, '빛'이나 '색깔'을 나타내게 되었어요.

色 色 色 色 色 色

부수 色 **총획** 6획

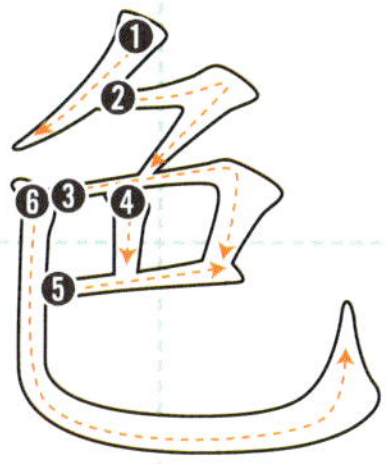

빛색	빛색	빛색	빛색
빛색	빛색	빛색	빛색
빛색	빛색	빛색	빛색

3주차 생활을 배워요 87

나는야 급수왕!

1. 다음 한자에 맞는 뜻과 독음(읽는 소리)을 찾아 줄을 잇고 큰 소리로 읽어 보세요.

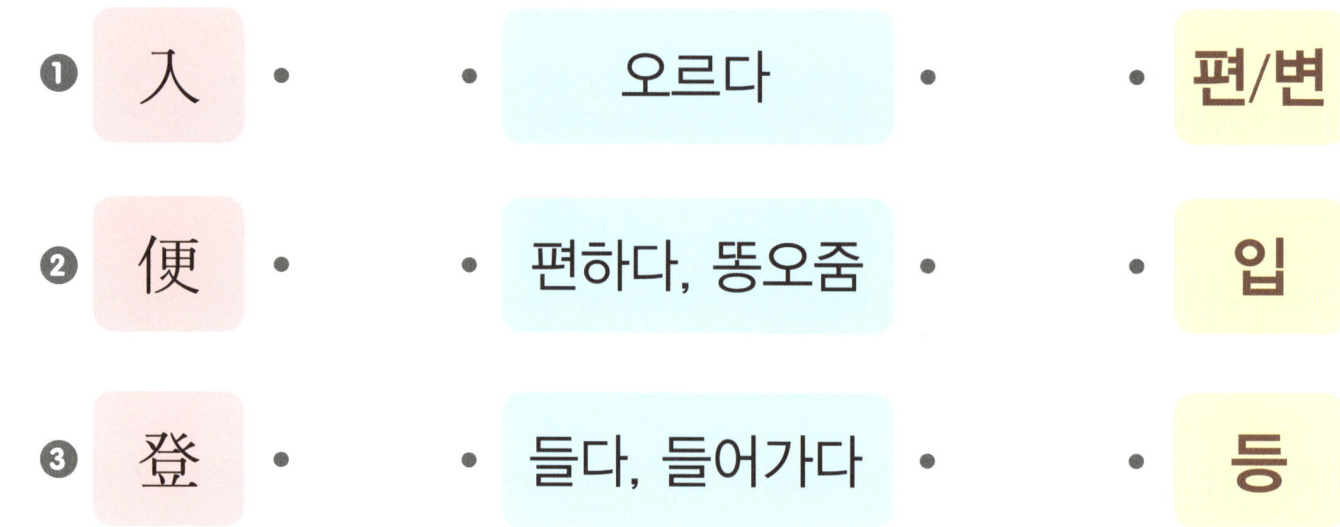

2. 다음 그림을 보고 연상되는 한자의 뜻과 독음(읽는 소리)을 쓰세요.

①

풀이 땅을 뚫고 나오는 모양에서 만들어진 글자예요.

뜻　　　　　　　　　음

②

사람이 일정한 곳에 머물러 살아가는 모습을 나타낸 글자예요.

뜻　　　　　　　　　음

3. 다음 밑줄 친 낱말을 한자로 바르게 쓴 것을 고르세요.

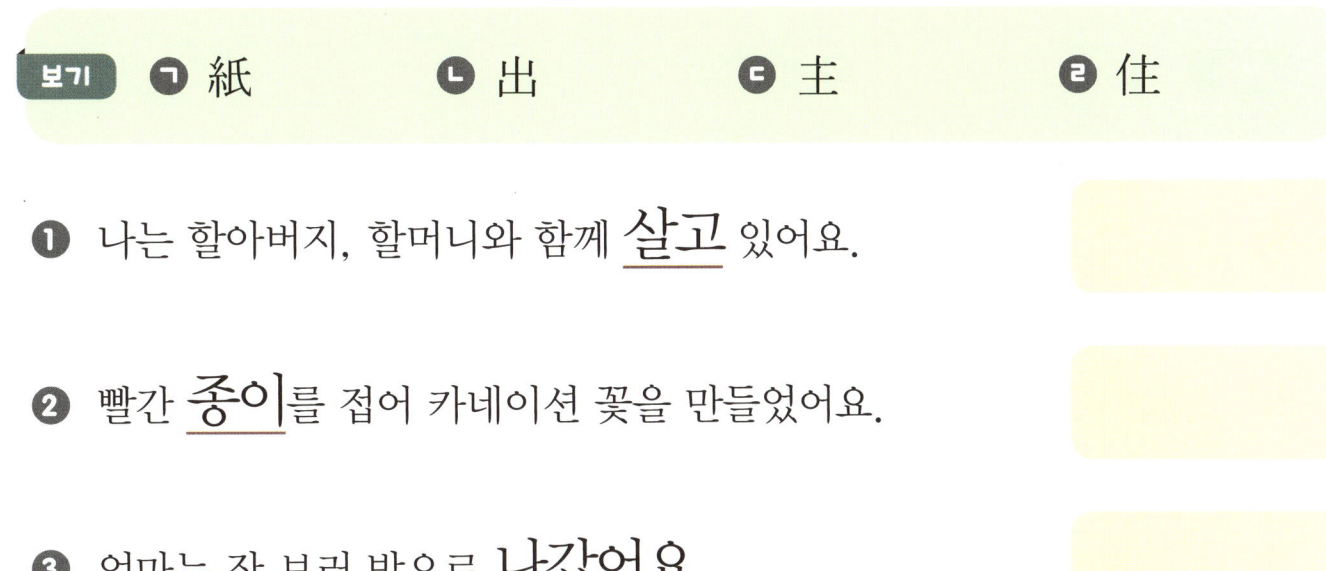

4. 다음 한자어 퍼즐에서 한자의 독음(읽는 소리)을 쓰세요.

5. 다음 밑줄 친 낱말을 한자로 바르게 쓴 것을 고르세요.

| 보기 | ㄱ 出口 | ㄴ 便紙 | ㄷ 住民 | ㄹ 出入 |

❶ 이곳에 **출입**하려면 카드가 필요해요.

❷ 할아버지에게 **편지**를 썼어요.

❸ 동네 **주민**들이 모여 함께 김장을 했어요.

6. 다음 뜻과 음에 알맞게 한자를 완성하세요.

❶
한가지 **동**

❷
바 **소**

❸
빛 **색**

❹
기록할 **기**

7. 다음 이야기를 읽고, 속담과 고사성어를 천천히 따라 써 보세요.

'숭어'는 깊은 바다에서 사는 큰 물고기로, 힘이 좋아서 물 위로 훌쩍 뛰어오를 수 있어요. '망둥이'는 개펄에 사는 작은 물고기이지요. 개펄에 사는 망둥이는 어느날 숭어가 물살을 가르며 힘차게 뛰어오르는 모습을 보았어요. 그 모습에 반한 나머지 자기도 펄쩍 뛰었지만, 겨우 머리만 까딱 내밀 뿐이었지요. '숭어가 뛰니까 망둥이도 뛴다'라는 속담은 자기의 능력을 가늠하지 않고 무턱대고 남을 따라 하는 것을 말해요.

비슷한 뜻을 가진 고사성어로는 '부화뇌동(附和雷同)'이라는 말이 있어요. '우레 소리에 맞추어 천지가 다 같이 울린다'는 뜻으로, 아무 생각 없이 남을 따라 하는 것을 말해요.

🖋 속담 쓰기

숭	어	가		뛰	니	까		망	둥
이	도		뛴	다					

🖋 고사성어 쓰기

附	和	雷	同
붙을 **부**	응할 **화**	우레 **뇌**	한가지 **동**

나는야 놀이왕!

동동이의 방

동동이 방 안에 한자들이 숨어 있어요. 동작과 관계 있는 한자를 찾아 동그라미표 하세요. 그리고 큰 소리로 읽어 봅시다..

동물 친구 옷 입히기

동물 친구들에게 예쁜 옷을 입혀 보아요. 한자에 알맞은 뜻과 소리를 찾아 줄로 이어 보세요. 그리고 큰 소리로 읽어 봅시다.

바 소

살 주

한가지 동

빛 색

4주차

과목을 배워요.

- **16일** 百자와 千자를 배워요.
- **17일** 算자와 數자를 배워요.
- **18일** 語자와 文자를 배워요.
- **19일** 漢자와 字자를 배워요.
- **20일** 問자와 答자를 배워요.
- **놀이왕** 흥미진진 바다 탐험 / 고양이 방석 찾기

Day 16 百 자와 千 자를 배워요.

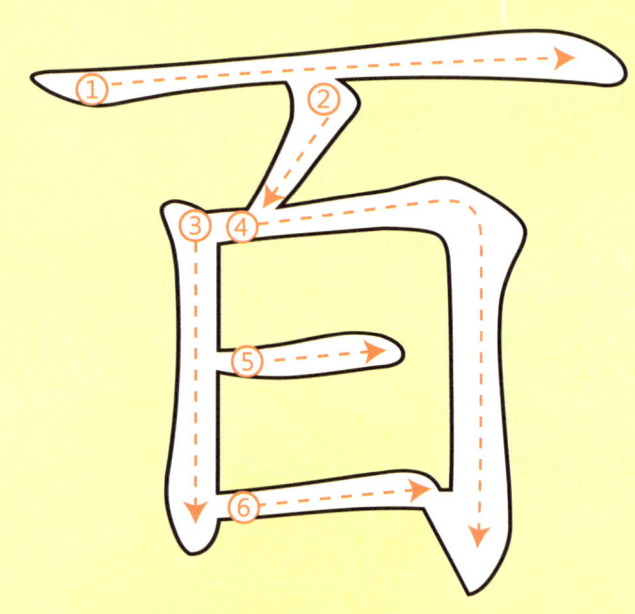

일백 **백**

슈퍼에서는 다양한 물건을 팔아요. 사과는 얼마일까요? 과자는 얼마일까요?
아래 그림을 보고 '일백'과 '일천'을 나타내는 한자를 따라 써 봅시다.

일천 천

일백 백

'일백'이라는 뜻이고, '백'이라고 읽어요.
'백성', '백일' 할 때 쓰는 한자예요.

막대 하나와 코를 앞에서 본 모양에서, '수가 많은 것'을 나타내게 되었어요.

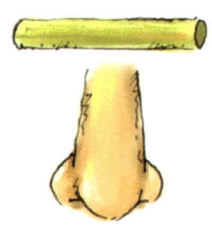

百 百 百 百 百 百

부수 白 총획 6획

일백 백	일백 백	일백 백	일백 백
일백 백	일백 백	일백 백	일백 백
일백 백	일백 백	일백 백	일백 백

千

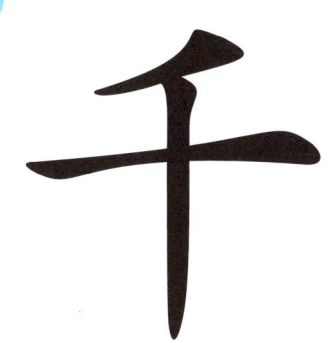

일천 천

'일천'이라는 뜻이고, '천'라고 읽어요.
'천 원', '천년' 할 때 쓰는 한자예요.

사람을 나타내는 글자에 줄을 그어서 '많은 사람들'을 세는 단위를 나타내게 되었어요.

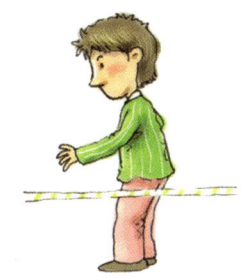

千 千 千

부수 十 총획 3획

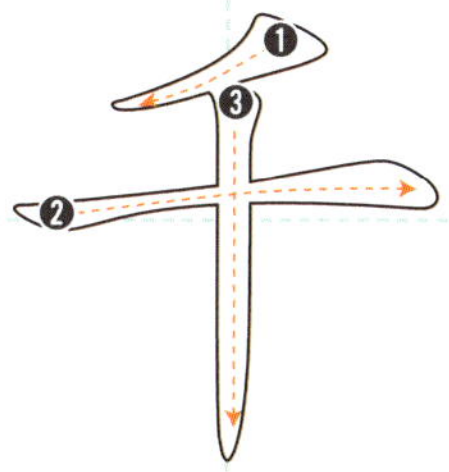

千 일천 천	千 일천 천	千 일천 천	千 일천 천
일천 천	일천 천	일천 천	일천 천
일천 천	일천 천	일천 천	일천 천

Day 17 算자와 數자를 배워요.

셈 산 算

사과와 배를 접시에 담고 하나, 둘 세어 보아요. 모두 몇 개일까요?
아래 그림을 보고 '세다'와 '셈'을 나타내는 한자를 따라 써 봅시다.

數 셈 수

셈 산

'세다', '수'라는 뜻이고, '산'이라고 읽어요.
'산수', '계산' 할 때 쓰는 한자예요.

손으로 대나무와 조개를 세는 모습에서 만들어진 글자예요.

算 算 算 算 算 算 算 算 算 算 算 算 算 算　부수 竹　총획 14획

| 셈 산 | 셈 산 | 셈 산 | 셈 산 |

| 셈 산 | 셈 산 | 셈 산 | 셈 산 |

| 셈 산 | 셈 산 | 셈 산 | 셈 산 |

셈 수

'셈', '셈하다'라는 뜻이고, '수'라고 읽어요.
'수학', '점수' 할 때 쓰는 한자예요.

여자가 물건을 머리에 이고 손이나 막대기로 어떤 물건의 수를 헤아리는 모습에서 만들어진 글자예요.

數 數 數 數 數 數 數 數 數 數 數 數 數 數 數 부수 攵 총획 15획

셈 수	셈 수	셈 수	셈 수
셈 수	셈 수	셈 수	셈 수
셈 수	셈 수	셈 수	셈 수

4주차 과목을 배워요

Day 18 語자와 文자를 배워요.

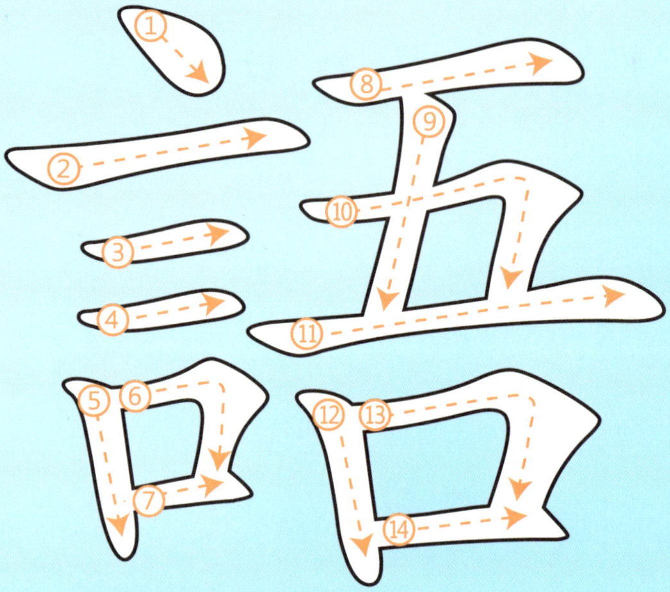

語 말씀 어

세상에는 나라마다 자기들만의 말과 글이 있어요.
아래 그림을 보고 '말씀'과 '글'을 나타내는 한자를 따라 써 봅시다.

글월 문

말씀 어

'말씀'이라는 뜻이고, '어'라고 읽어요.
'한국어', '단어' 할 때 쓰는 한자예요.

자기가 하고 싶은 말을 하는 모습에서 만들어진 글자예요.

語語語語語語語語語語語語語語語 부수 言 총획 14획

| 말씀 어 | 말씀 어 | 말씀 어 | 말씀 어 |

| 말씀 어 | 말씀 어 | 말씀 어 | 말씀 어 |

| 말씀 어 | 말씀 어 | 말씀 어 | 말씀 어 |

글월 문

'글월(문장)', '글'이라는 뜻이고, '문'이라고 읽어요. '문자', '문화재' 할 때 쓰는 한자예요.

사람의 몸에 새긴 무늬에서 '문자'를 나타내게 되었어요.

文 文 文 文

부수 文 총획 4획

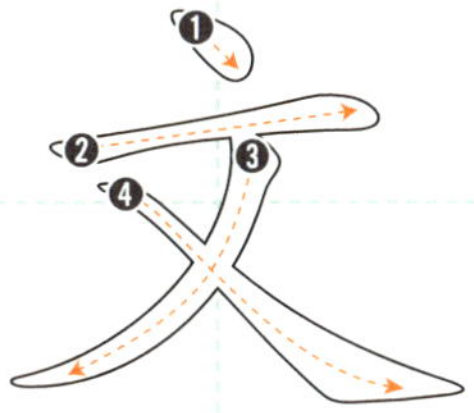

글월 문	글월 문	글월 문	글월 문
글월 문	글월 문	글월 문	글월 문
글월 문	글월 문	글월 문	글월 문

Day 19　漢자와 字자를 배워요.

한나라 한

한자는 중국 사람들의 말을 적을 때 쓰는 글자예요. 지금 우리가 공부하고 있는 것이 바로 '한자'이지요. 아래 그림을 보고 '한자'를 나타내는 한자를 따라 써 봅시다.

글자 자

한나라 한

'한수'라는 강 이름이었고, '한'이라고 읽어요.
'한자', '한강' 할 때 쓰는 한자예요.

중국 양쯔강 부근에 세웠던 나라인 '한나라'를 나타내던 글자예요.

漢漢漢漢漢漢漢漢漢漢漢漢漢漢　급수 7Ⅱ급　부수 氵　총획 14획

한나라 한	한나라 한	한나라 한	한나라 한
한나라 한	한나라 한	한나라 한	한나라 한
한나라 한	한나라 한	한나라 한	한나라 한

字 글자 자

'글자'라는 뜻이고, '자'라고 읽어요.
'글자', '숫자' 할 때 쓰는 한자예요.

집에서 아이를 낳아 기르는 모양에서 만들어졌지만, 뜻이 바뀌어 '글자'를 나타내게 되었어요.

字 字 字 字 字 字

부수 子 **총획** 6획

字	字	字	字
글자 자	글자 자	글자 자	글자 자
글자 자	글자 자	글자 자	글자 자
글자 자	글자 자	글자 자	글자 자

4주차 과목을 배워요

Day 20 問자와 答자를 배워요.

물을 문

수업 시간에 선생님께서 물어보면 우리는 씩씩하게 대답하지요.
아래 그림을 보고 '묻다'와 '대답하다'를 나타내는 한자를 따라 써 봅시다.

대답 답

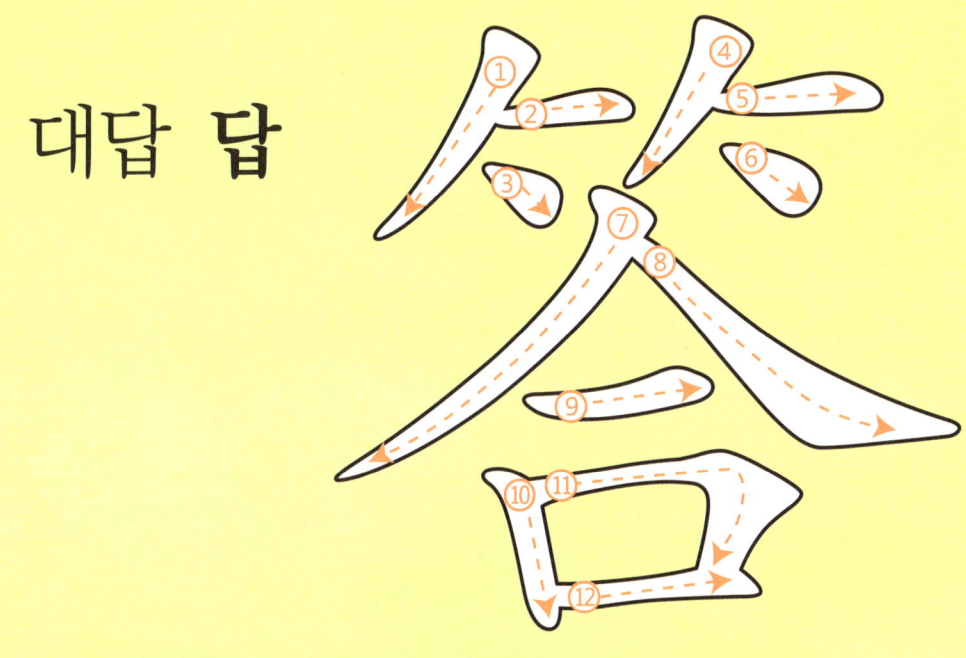

問

물을(묻다) 문

'묻다'라는 뜻이고, '문'이라고 읽어요.
'문제', '문답' 할 때 쓰는 한자예요.

문 앞에서 집안에 있는 사람에게 말을 하는 모습에서 만들어진 글자예요.

問 問 問 問 問 問 問 問 問 問 問

부수 口　총획 11획

물을 문	물을 문	물을 문	물을 문
물을 문	물을 문	물을 문	물을 문
물을 문	물을 문	물을 문	물을 문

答 대답 답

'대답하다'라는 뜻이고, '답'이라고 읽어요.
'대답', '답장' 할 때 쓰는 한자예요.

셈할 때 쓰는 대나무 막대로 수를 확인하는 모습에서,
'대답하다'라는 뜻을 나타내게 되었어요.

答 答 答 答 答 答 答 答 答 答 答 答 **급수** 7Ⅱ급 **부수** 竹 **총획** 12획

答	答	答	答
대답 답	대답 답	대답 답	대답 답
대답 답	대답 답	대답 답	대답 답
대답 답	대답 답	대답 답	대답 답

4주차 과목을 배워요

나는야 급수왕!

1. 다음 한자에 맞는 뜻과 독음(읽는 소리)을 찾아 줄을 잇고 큰 소리로 읽어 보세요.

2. 다음 그림을 보고 연상되는 한자의 뜻과 독음(읽는 소리)을 쓰세요.

①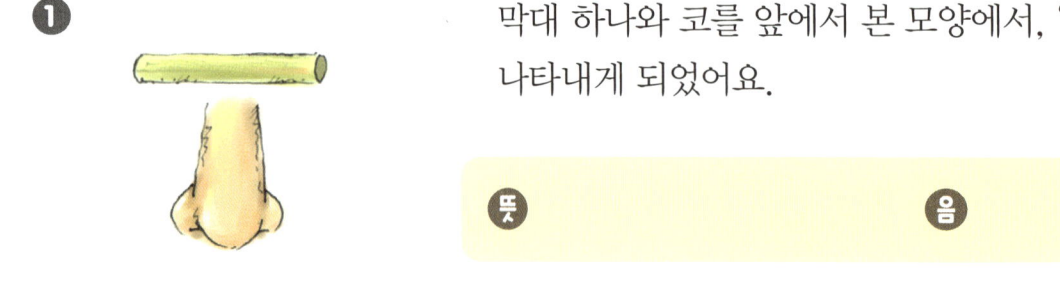

막대 하나와 코를 앞에서 본 모양에서, '수가 많은 것'을 나타내게 되었어요.

뜻　　　　　음

②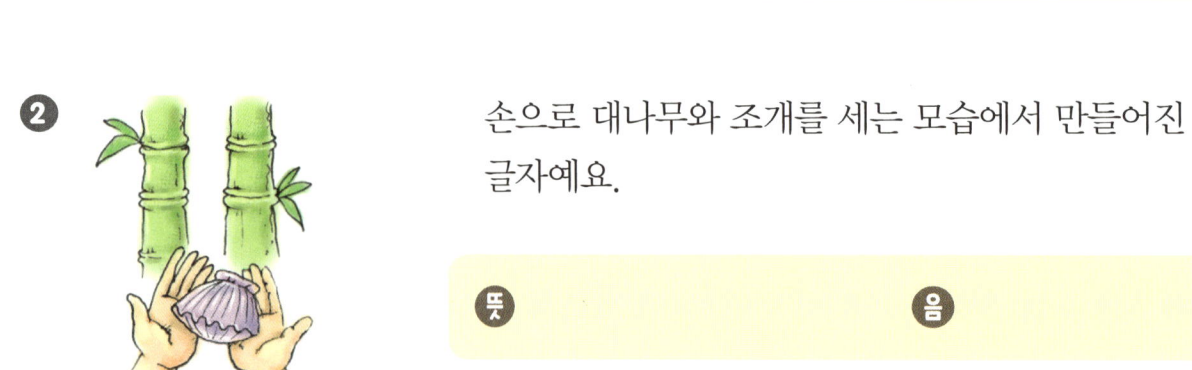

손으로 대나무와 조개를 세는 모습에서 만들어진 글자예요.

뜻　　　　　음

3. 다음 밑줄 친 낱말을 한자로 바르게 쓴 것을 고르세요.

| 보기 | ㄱ 字 | ㄴ 數 | ㄷ 問 | ㄹ 合 |

① 빙고 게임을 하려고 종이에 <u>숫자</u>를 적었어요.

② 성민이는 한 <u>글자</u>, 한 글자 또박또박 써내려 갔어요.

③ 홍시를 누가 가져왔냐고 할아버지가 <u>물었어요</u>.

4. 다음 한자어 퍼즐에서 한자의 독음(읽는 소리)을 쓰세요.

① 點, 점 점
점 數
hint 성적을 나타내는 '숫자'를 말해요.
점

② 狀, 문서 장
答 장
hint '대답하는' 말을 적은 편지를 말해요.
장

③ 題, 제목 제
問 제
hint 무엇에 대한 '물음'을 말해요.
제

④ 國, 나라 국
국 語
hint 한 나라의 사람들이 사용하는 '말'을 뜻해요.
국

5. 다음 밑줄 친 낱말을 한자로 바르게 쓴 것을 고르세요.

> 보기   ㄱ 算數   ㄴ 漢字   ㄷ 問答   ㄹ 門答

① 할아버지는 <u>한자</u>를 아주 잘 씁니다.

② 스승님은 <u>문답</u>을 하면서 제자를 가르쳤어요.

③ 엄마가 사탕을 가지고 <u>산수</u>를 가르쳐 주셨어요.

6. 다음 뜻과 음에 알맞게 한자를 완성하세요.

①
일백 **백**

②
일천 **천**

③
말씀 **어**

④
글월 **문**

7. 다음 이야기를 읽고, 속담과 고사성어를 천천히 따라 써 보세요.

하나를 듣고도 열 가지를 알게 된다면 얼마나 좋을까요? '하나를 보고 열을 안다'라는 속담은 천재처럼 하나의 원리를 깨우치면 열 가지 현상을 파악하는 매우 똑똑한 사람을 비유해요. 또는 어느 한 부분만 보고도 전체를 미루어 아는 것을 뜻하기도 하지요.

같은 뜻을 가진 고사성어로는 '문일지십(聞一知十)'이라는 말이 있어요.

속담 쓰기

하	나	를		보	고		열	을	
안	다								

고사성어 쓰기

聞	一	知	十
들을 **문**	한 **일**	알 **지**	열 **십**

나는야 놀이왕!

흥미진진 바다 탐험

바닷속에 한자들이 숨어 있어요. 셈과 관계 있는 한자를 찾아 동그라미표 하세요. 그리고 큰 소리로 읽어 봅시다.

고양이 방석 찾기

고양이 네 마리가 자기 방석에서 쉬고 싶어요. 한자에 알맞은 뜻과 소리를 찾아 줄로 이어 보세요. 그리고 큰 소리로 읽어 봅시다.

5주차

지구를 배워요.

21일	植자와 育자를 배워요.
22일	重자와 力자를 배워요.
23일	旗자와 立자를 배워요.
24일	祖자와 話자를 배워요.
25일	有자와 來자를 배워요.
놀이왕	과일 창고는 어디에? / 알록달록 색칠하기

Day 21 植자와 育자를 배워요.

植 심을 식

식목일에 산에 올라가 나무를 심었어요. 그리고 쑥쑥 자랄 수 있도록 물도 주었지요. 아래 그림을 보고 '심다'와 '기르다'를 나타내는 한자를 따라 써 봅시다.

기를 육

植 심을(심다) 식

'심다'라는 뜻이고, '식'이라고 읽어요.
'식물', '식목일' 할 때 쓰는 한자예요.

나무를 곧게 심는 모습에서 만들어진 글자예요.

植 植 植 植 植 植 植 植 植 植 植 植   부수 木   총획 12획

심을 식	심을 식	심을 식	심을 식
심을 식	심을 식	심을 식	심을 식
심을 식	심을 식	심을 식	심을 식

기를(기르다) 육

'기르다', '자라다'라는 뜻이고, '육'이라고 읽어요.
'체육', '교육' 할 때 쓰는 한자예요.

아이를 낳아 기르는 모습에서 만들어진 글자예요.

育 育 育 育 育 育 育 育

부수 月   총획 8획

기를 육	기를 육	기를 육	기를 육
기를 육	기를 육	기를 육	기를 육
기를 육	기를 육	기를 육	기를 육

Day 22 重자와 力자를 배워요.

무거울 중

둥근 지구에서 우리가 떨어지지 않는 이유는 지구의 중심에서 우리를 잡아당기는 힘이 있기 때문이에요. 아래 그림을 보고 '중력'을 나타내는 한자를 따라 써 봅시다.

힘 력

무거울(무겁다) 중

'무겁다'라는 뜻이고, '중'이라고 읽어요.
'중요하다', '중력' 할 때 쓰는 한자예요.

사람이 등에 짐을 지고 서 있는 모습에서 만들어진 글자예요.

重 重 重 重 重 重 重 重 重

부수 里 　 총획 9획

重	重	重	重
무거울 중	무거울 중	무거울 중	무거울 중
무거울 중	무거울 중	무거울 중	무거울 중
무거울 중	무거울 중	무거울 중	무거울 중

힘 력

'힘'이라는 뜻이고, '력'이라고 읽어요.
'노력', '역도' 할 때 쓰는 한자예요.

물건을 들어올릴 때 팔에 생기는 근육 모양에서 만들어진 글자예요.

낱말 맨 앞에 올 때는 '역'이라고 말해요.

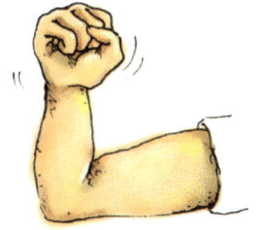

力 力

| 급수 | 7Ⅱ급 | 부수 | 力 | 총획 | 2획 |

力	力	力	力
힘 력	힘 력	힘 력	힘 력
힘 력	힘 력	힘 력	힘 력
힘 력	힘 력	힘 력	힘 력

5주차 지구를 배워요

Day 23 旗자와 立자를 배워요.

旗 기 기

영차, 영차 힘을 내서 산에 올라요. 드디어 산꼭대기에 올라 깃발을 세웠지요.
아래 그림을 보고 '깃발'과 '서다'를 나타내는 한자를 따라 써 봅시다.

설 립

기(깃발) 기

'깃발'이라는 뜻이고, '기'라고 읽어요.
'국기', '깃발' 할 때 쓰는 한자예요.

깃대 끝에 매달린 깃발이 펄럭이는 모양에서 만들어진 글자예요.

旗 旗 旗 旗 旗 旗 旗 旗 旗 旗 旗 旗 旗 旗 부수 方 총획 14획

기 기	기 기	기 기	기 기
기 기	기 기	기 기	기 기
기 기	기 기	기 기	기 기

설(서다) 립

낱말 맨 앞에 올 때는 '입'이라고 말해요.

'서다'라는 뜻이고, '립'이라고 읽어요.
'입장', '독립' 할 때 쓰는 한자예요.

사람이 땅 위에 서 있는 모양에서 만들어진 글자예요.

立 立 立 立 立

| 급수 | 7Ⅱ급 | 부수 | 立 | 총획 | 5획 |

설 립 / 설 립 / 설 립 / 설 립

설 립 / 설 립 / 설 립 / 설 립

설 립 / 설 립 / 설 립 / 설 립

Day 24 祖자와 話자를 배워요.

祖 할아비 조

서당에서 친구들이 무엇을 하고 있나요? 바로 지혜가 듬뿍 담긴 조상님들의 말씀을 배우고 있어요. 아래 그림을 보고 '조상'과 '말씀'을 나타내는 한자를 따라 써 봅시다.

말씀 화

할아비(할아버지) 조

'할아버지', '조상'이라는 뜻이고, '조'라고 읽어요. '조상', '조국' 할 때 쓰는 한자예요.

사당에 모신 조상의 위패 모양에서 만들어진 글자예요.

祖 祖 祖 祖 祖 祖 祖 祖 祖 祖

부수 示 총획 10획

할아비 조	할아비 조	할아비 조	할아비 조
할아비 조	할아비 조	할아비 조	할아비 조
할아비 조	할아비 조	할아비 조	할아비 조

말씀 화

'말씀', '이야기'라는 뜻이고, '화'라고 읽어요.
'동화', '수화' 할 때 쓰는 한자예요.

사람이 말을 하는 모양에서 만들어진 글자예요.

話 話 話 話 話 話 話 話 話 話 話 話 話　급수 7Ⅱ급　부수 言　총획 13획

말씀 화	말씀 화	말씀 화	말씀 화
말씀 화	말씀 화	말씀 화	말씀 화
말씀 화	말씀 화	말씀 화	말씀 화

Day 25 有자와 來자를 배워요.

있을 유

우리 집에는 할아버지의 할아버지, 그 할아버지의 할아버지에서 전해 내려오는 도자기가 있어요. 아래 그림을 보고 '있다'와 '오다'를 나타내는 한자를 따라 써 봅시다.

올 래

있을(있다) 유

'있다', '가지다'라는 뜻이고, '유'라고 읽어요.
'유명하다', '유리하다' 할 때 쓰는 한자예요.

달이 지구 그림자에 숨었다가 다시 나오는 월식처럼 보통은 없을 일이 있다는 뜻에서 만들어진 글자예요.

有 有 有 有 有 有

부수 月　총획 6획

있을 유	있을 유	있을 유	있을 유
있을 유	있을 유	있을 유	있을 유
있을 유	있을 유	있을 유	있을 유

올(오다) 래

낱말 맨 앞에 올 때는 '내'라고 말해요.

'오다'라는 뜻이고, '래'라고 읽어요.
'내년', '내일', '왕래' 할 때 쓰는 한자예요.

하늘을 향해 꼿꼿하게 선 보리의 모양이었지만, 뜻이 바뀌어 '오다'라는 뜻을 나타내게 되었어요.

來 來 來 來 來 來 來 來

부수 人　총획 8획

올 래	올 래	올 래	올 래
올 래	올 래	올 래	올 래
올 래	올 래	올 래	올 래

5주차 지구를 배워요

나는야 급수왕!

1. 다음 한자에 맞는 뜻과 독음(읽는 소리)을 찾아 줄을 잇고 큰 소리로 읽어 보세요.

❶ 有 · · 있다 · · 래

❷ 來 · · 오다 · · 유

❸ 話 · · 말씀 · · 화

2. 다음 그림을 보고 연상되는 한자의 뜻과 독음(읽는 소리)을 쓰세요.

❶  아이를 낳아 기르는 모습에서 만들어진 글자예요.

뜻　　　　　음

❷  물건을 들어올릴 때 팔에 생기는 근육 모양에서 만들어진 글자예요.

뜻　　　　　음

3. 다음 밑줄 친 낱말을 한자로 바르게 쓴 것을 고르세요.

| 보기 | ㄱ 有 | ㄴ 立 | ㄷ 旗 | ㄹ 月 |

① 찬물도 위아래가 <u>있</u>다.

② <u>깃발</u>이 세찬 바람에 휘날렸어요.

③ 마을 앞에 나무가 <u>서</u> 있어요.

4. 다음 한자어 퍼즐에서 한자의 독음(읽는 소리)을 쓰세요.

① 獨, 홀로 독

독 立

hint 홀로 '서는' 것처럼 남에게 기대지 않는 것을 말해요.

독

② 童, 아이 동

동 話

hint 어린이를 위하여 지은 '이야기'를 말해요.

동

③ 體, 몸 체

체 育

hint 운동 등으로 몸을 튼튼히 '기르는' 것을 말해요.

체

④ 未, 아닐 미

미 來

hint 앞으로 '올' 날을 말해요.

미

5. 다음 밑줄 친 낱말을 한자로 바르게 쓴 것을 고르세요.

> 보기   ㄱ 有名   ㄴ 有明   ㄷ 國旗   ㄹ 來日

① 삼일절이 되어 집 앞에 <u>국기</u>를 걸었어요.

② <u>내일</u>은 신나는 운동회 날이에요.

③ <u>유명</u>한 작가가 되는 것이 내 꿈이에요.

6. 다음 뜻과 음에 알맞게 한자를 완성하세요.

①
무거울 **중**

②
힘 **력**

③
심을 **식**

④
할아비 **조**

7. 다음 이야기를 읽고, 속담과 고사성어를 천천히 따라 써 보세요.

'고생 끝에 낙이 온다'라는 속담은 어려운 일이나 고된 일을 겪은 뒤에는 반드시 즐겁고 좋은 일이 생긴다는 뜻이에요. 처음에 자전거 타는 법을 배울 때는 이리저리 넘어지고 힘들었을 거예요. 하지만 열심히 연습해서 자전거를 혼자 탈 수 있게 되었을 때는 기분이 하늘을 날아갈 듯 좋았을 거예요. 이처럼 무엇을 이루기 위해 노력하는 것은 매우 어렵고 힘들지만, 그것을 이루었을 때의 기쁨은 무엇보다 달콤하지요.

같은 뜻을 가진 고사성어로는 '쓴 것이 다하면 달콤한 것이 온다'는 뜻을 가진 '고진감래(苦盡甘來)'라는 말이 있어요.

속담 쓰기

고	생		끝	에		낙	이		온
다									

고사성어 쓰기

나는야 놀이왕!

과일 창고는 어디에

영차영차 개미가 과일을 따 왔어요. 갈림길에 있는 한자의 바른 소리를 따라 과일 창고로 가는 길을 찾아 보세요.

알록달록 색칠하기

한자의 뜻과 소리를 큰 소리로 읽어 보세요. 그리고 그림에 있는 한자에 따라 색을 칠해 그림을 완성해 보세요.

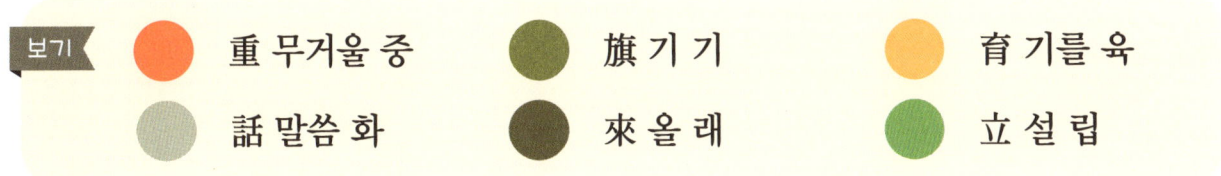

보기
- 重 무거울 중
- 旗 기 기
- 育 기를 육
- 話 말씀 화
- 來 올 래
- 立 설 립

파워가 업그레이드 되는

슈퍼 부록

- 슈퍼 그림한자50 모아보기
  (한자능력검정시험 7급)
- 한자능력검정시험 대비 7급 문제지
- 정답

슈퍼 그림한자50 모아보기

모아보기에서는 한자능력시험 7급 한자 50자와 본 책에 수록된 한자 중 7급에 속하는 한자를 모아 가나다 순으로 실었습니다.

ㄱ

歌 노래 가		52
口 입 구		2단계 72
記 기록할 기 (7II급)		80
旗 기(깃발) 기		132

ㄴ/ㄷ

農 농사 농 (7II급)		52
答 대답 답 (7II급)		112
冬 겨울 동		20
同 한가지 동		84
洞 골 동 / 밝을 통		70
登 오를(오르다) 등		80

ㄹ

來 올(오다) 래		140
力 힘 력 (7II급)		128
老 늙을(늙다) 로		56
里 마을 리		70
林 수풀 림		24
立 설(서다) 립 (7II급)		132

ㅁ/ㅂ

面 낯 면		44
命 목숨 명		2단계 56
文 글월 문		104
問 물을(묻다) 문		112
百 일백 백		96
夫 지아비 부		48

ㅅ

算 셈 산		100
色 빛 색		84
夕 저녁 석		2단계 48
少 적을 소		56
所 바 소		72
數 셈 수		100
植 심을(심다) 식		124
心 마음 심		2단계 124

ㅇ

語 말씀 어		104
然 그럴(그러하다) 연		2단계 40
有 있을(있다) 유		140
育 기를(기르다) 육		124
邑 고을 읍		44
入 들(들다) 입		68

ㅈ

字 글자 자		108
祖 할아비(할아버지) 조		136
主 임금/주인 주		2단계 80
住 살(살다) 주		72
重 무거울(무겁다) 중		128
地 땅 지		12
紙 종이 지		76

ㅊ

川 내 천		24
千 일천 천		96
天 하늘 천		12
草 풀 초		28
村 마을 촌		48
秋 가을 추		20
春 봄 춘		16
出 날(나다) 출		68

ㅍ/ㅎ

便 편할 편 / 똥오줌 변		76
夏 여름 하		16
漢 한나라 한 (7II급)		108
花 꽃 화		28
話 말씀 화 (7II급)		136
休 쉴(쉬다) 휴		2단계 40

한자능력검정시험 대비 7급 문제지

7級 70문항 | 50분 시험 | 시험일자: 20   .   .   .

성명 _____ 수험번호 □□□-□□-□□□□

*성명과 수험번호를 쓰고 문제지와 답안지는 함께 제출하세요.

[문제 1-22] 다음 밑줄 친 漢子語의 音(음·소리)을 쓰세요.

> 보기
> 漢字 → 한자

[1] 사랑이 있는 곳이 **天國**입니다.
[2] **靑春**을 헛되이 보내지 마세요.
[3] **秋夕**을 쇠러 할아버지댁에 가요.
[4] 강원도는 울창한 **山林**이 장관입니다.
[5] **木花**꽃이 하얗게 피어났어요.
[6] 마을 사람들이 **里長** 집에 모였어요.
[7] **農村**에 젊은이들이 돌아와 활기가 넘쳐요.
[8] **老人**을 공경하는 것은 우리의 미덕입니다.
[9] 편지봉투에 집 **住所**를 적었어요.
[10] 소파에 **便安**하게 앉았어요.
[11] 주말에 가족과 **登山**을 갔어요.
[12] 이 제품은 어디서나 **同一**한 가격입니다.
[13] 임금님은 **百姓**을 사랑했어요.
[14] 오늘 **算數** 시간에 덧셈을 배웠어요.
[15] 열대지방 **植物**을 구경할 수 있어요.
[16] 달의 **重力**은 지구보다 작아요.
[17] 삼일절에 **國旗**를 게양했어요.
[18] 그는 **祖國**을 위해 목숨을 바쳤어요.
[19] **地下**에 희귀 광물이 매장되어 있어요.
[20] 미나는 **歌手**가 되는 게 꿈이에요.
[21] 나는 매일 **日記**를 씁니다.
[22] 이곳은 **千年**의 고도 경주입니다.
[23] **文字**를 통해 문명이 크게 발전했어요.
[24] 시험 시간이 끝나고 **答紙**를 제출했어요.
[25] 드디어 **來日**이 방학이에요.
[26] 졸업하면 우리 **學校**가 그리울 거예요.
[27] 십 년이면 **江山**도 변한다.
[28] 이 책에는 **祖上**의 지혜가 녹아 있어요.
[29] **東大門**은 우리나라 보물 1호예요.
[30] **食事** 후 엄마는 과일을 내 주셨어요.
[31] 모든 **生命**은 소중해요.
[32] 나는 **三寸**과 함께 수영장에 갔어요.

[문제 33-52] 다음 漢子의 訓(훈·뜻)과 音(음·소리)을 쓰세요.

[33] 川
[34] 里
[35] 文
[36] 林
[37] 夫
[38] 面
[39] 冬
[40] 問
[41] 同

[42] 數

[43] 色

[44] 植

[45] 百

[46] 語

[47] 登

[48] 歌

[49] 算

[50] 旗

[51] 來

[52] 育

[문제 55-64] 다음 漢字의 訓(훈: 뜻)과 音(음: 소리)에 맞는 漢字를 〈보기〉에서 골라 그 번호를 쓰세요.

[55] 꽃 화   [56] 무거울 중

[57] 글자 자   [58] 고을 읍

[59] 있을 유   [60] 할아비 조

[61] 편할 편   [62] 일천 천

[63] 골 동   [64] 마을 촌

[문제 65-66] 다음 漢字의 상대 또는 반대되는 漢字를 〈보기〉에서 골라 그 번호를 쓰세요.

[65] 老 ↔ (   )

[66] (   ) ↔ 入

[문제 67-68] 다음 뜻에 맞는 漢字語를 〈보기〉에서 골라 그 번호를 쓰세요.

[67] 한 마을 단위인 '리'를 대표하는 사람.

[68] 흰 종이.

[문제 69-70] 漢子의 진하게 표시한 획은 몇 번째에 쓰는지 〈보기〉에서 그 번호를 쓰세요.

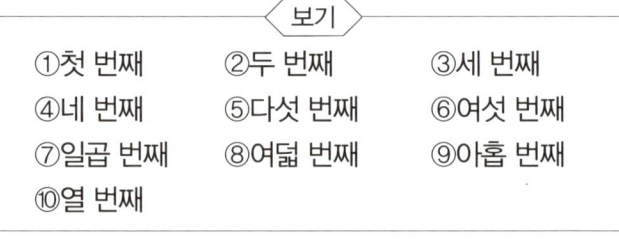

[69]    [70]

정답

1주차

나는야 급수왕 (32쪽)

1.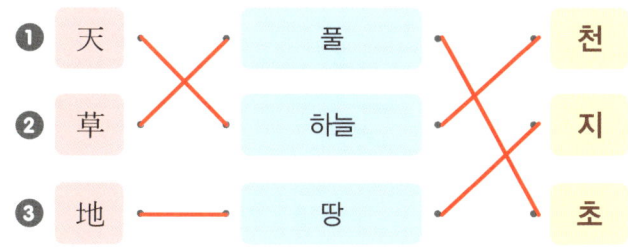

2. ❶ 뜻 수풀 음 림   ❷ 뜻 꽃 음 화

3. ❶ ㄱ   ❷ ㄴ   ❸ ㄷ

4. ❶ 천국   ❷ 지하   ❸ 초가   ❹ 국화

5. ❶ ㄷ   ❷ ㄴ   ❸ ㄹ

6.
❶  내 천
❷ 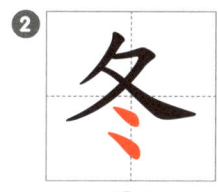 겨울 동
❸  봄 춘
❹  여름 하

나는야 놀이왕 (36쪽)

2주차

나는야 급수왕 (60쪽)

1.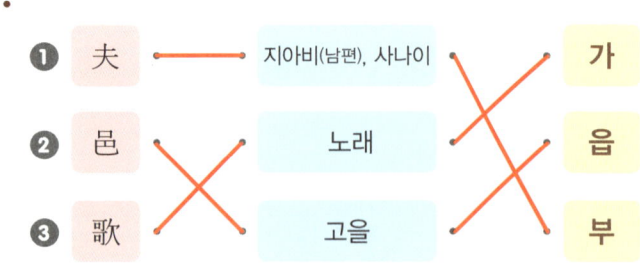

2. ① 뜻 사내 음 부   ② 뜻 노래 음 가

3. ① ㄱ   ② ㄹ   ③ ㄴ

4. ① 이장   ② 부부   ③ 가수   ④ 농촌

5. ① ㄹ   ② ㄱ   ③ ㄴ

6.

나는야 놀이왕 (64쪽)

3주차

나는야 급수왕 (88쪽)

1.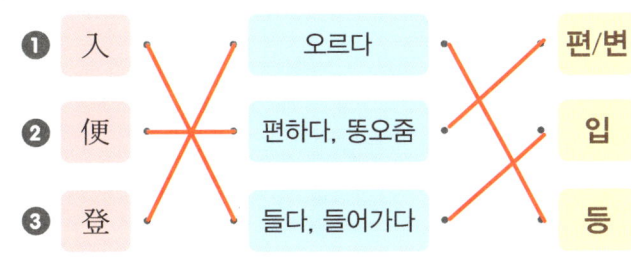

2. ① 뜻 날(나다) 음 출 ② 뜻 살(살다) 음 주

3. ① ㄹ ② ㄱ ③ ㄴ

4. ① 출발 ② 편안 ③ 등산 ④ 지폐

5. ① ㄹ ② ㄴ ③ ㄷ

6.
①  한가지 동
②  바 소
③  빛 색
④  기록할 기

나는야 놀이왕 (92쪽)

4주차

나는야 급수왕 (116쪽)

1.

2. ① 뜻 일백 음 백　② 뜻 셈 음 산

3. ① ㄴ　② ㄱ　③ ㄷ

4. ① 점수　② 답장　③ 문제　④ 국어

5. ① ㄴ　② ㄷ　③ ㄱ

6.
①  일백 백
②  일천 천
③  말씀 어
④  글월 문

나는야 놀이왕 (120쪽)

158　슈퍼파워 그림한자 3단계

5주차

나는야 급수왕 (144쪽)

1.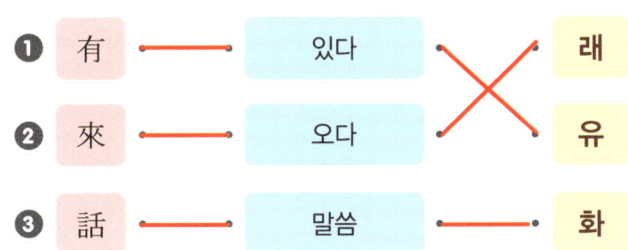

2. ① 뜻 기를 음 육 ② 뜻 힘 음 력

3. ① ㄱ   ② ㄷ   ③ ㄴ

4. ① 독립   ② 동화
   ③ 체육   ④ 미래

5. ① ㄷ   ② ㄹ   ③ ㄴ

6.
①
무거울 중
②
힘 력
③
심을 식
④
할아비 조

나는야 놀이왕 (148쪽)

하루 한 장 기적의 한자학습, 초등한자와 급수한자 7급을 한번에
슈퍼파워 그림한자 3단계

초판 1쇄 발행 | 2019년 8월 25일
초판 2쇄 발행 | 2021년 3월 10일

지은이 | 동양북스 교육콘텐츠연구회
발행인 | 김태웅
책임편집 | 양정화
디자인 | 남은혜, 신효선
마케팅 총괄 | 나재승
제 작 | 현대순

발행처 | (주)동양북스
등 록 | 제 2014-000055호
주 소 | 서울시 마포구 동교로22길 14 (04030)
구입 문의 | 전화 (02)337-1737 팩스 (02)334-6624
내용 문의 | 전화 (02)337-1763 dybooks2@gmail.com

ISBN 979-11-5768-523-3 73710

ⓒ 2019, 동양북스

▶ 본 책은 저작권법에 의해 보호를 받는 저작물이므로 무단 전재와 복제를 금합니다.
▶ 잘못된 책은 구입처에서 교환해 드립니다.